DROIT INTERNATIONAL

DE

L'ARRESTATION

PROVISOIRE

EN VUE

D'EXTRADITION

PAR ALBERT BILLOT

DOCTEUR EN DROIT

PARIS

LIBRAIRIE DE A. DURAND ET PEDONE LAURIEL

Rue Cujás, 9 (ancienne rue des Grès).

Juillet 1868

3697 Versailles, Imprimerie BEAU, rue de l'Orangerie, 36.

DROIT INTERNATIONAL

DE

L'ARRESTATION PROVISOIRE

EN VUE

D'EXTRADITION.

I

Le Moniteur a publié récemment (24 mars, 17 avril, 4 juin) trois décrets impériaux approuvant des *Déclarations* de même nature, échangées entre la France, d'une part, la Bavière (28 février 1868), les Grands Duchés de Bade (4 mars 1868) et d'Oldenbourg (5 mai 1868), de l'autre, et relatives à l'arrestation provisoire des malfaiteurs. Les dispositions consacrées par ces trois actes diplomatiques méritent l'attention des jurisconsultes, parce qu'elles établissent sur des assises nouvelles une partie jusqu'alors incertaine du droit moderne de l'extradition.

C'est au seul point de vue de la science du droit des gens que nous nous proposons d'étudier successivement les motifs qui ont amené la récente réglementation, les principes qui ont été posés et les résultats que les relations internationales peuvent en attendre.

Les Déclarations dont il s'agit ont pour objet de déterminer les conditions dans lesquelles chacune des Puissances contractantes doit ou peut ordonner l'arrestation provisoire des individus réfugiés sur son territoire et poursuivis dans l'autre État pour une infraction de nature à motiver ultérieurement leur extradition.

Un exemple très-simple va montrer, s'il en est besoin, combien il importe à la justice du pays où un crime a été commis, de pouvoir obtenir l'arrestation du prévenu, avant l'accomplissement régulier des formalités nécessaires pour l'extradition.

Imaginons qu'un banqueroutier frauduleux quitte furtivement la Bavière, emportant une partie des fonds qui devraient revenir à ses créanciers. Des circonstances particulières donnent lieu de croire qu'il a gagné la France avec l'intention de s'embarquer pour l'Amérique. Le Gouvernement bavarois est en droit de réclamer son extradition. Mais, pour arriver à ce but, les voies tracées par le traité de 1846, sont longues : le mandat d'arrêt décerné contre le prévenu par le juge compétent devra être envoyé au Pouvoir central de Bavière, qui le transmettra au Ministre du Roi à Paris ; celui-ci le communiquera, avec la requête d'extradition, au Ministre des Affaires Étrangères de France. La demande arrivera enfin dans les mains du Ministre de la Justice, à qui il appartient d'examiner s'il y a lieu de soumettre à l'Empereur un décret d'extradition et d'ordonner la mise en arrestation de l'inculpé. Quelle que soit la célérité avec laquelle ces transmissions successives auront pu être effectuées, elles auront pris un temps suffisant pour permettre au fugitif de gagner un de nos ports et d'échapper, par un prompt embarquement, à la juridiction continentale.

Cet exemple, qu'on peut varier à l'infini, prouve que l'arrestation provisoire est une condition essentielle de l'efficacité des Conventions d'extradition. Les criminels les plus audacieux, pourvus de ressources suffisantes, échapperaient le plus souvent à la répression, si la justice de leur pays ne pouvait les arrêter dans leur fuite et les forcer d'attendre, en lieu sûr, la décision du Gouvernement sur le territoire duquel ils sont momentanément réfugiés.

Mais comment cette arrestation sera-t-elle demandée et obtenue ?

Une première solution se présente à l'esprit.

Au moment où le juge du lieu où le crime a été commis, se croit sur la trace du coupable, ne peut-il pas, par la poste ou par le télégraphe, prévenir les autorités du pays voisin dans lequel le prévenu a cherché asile, et réclamer son arrestation provisoire? L'extradition sera ensuite obtenue par les voies régulières déterminées par le traité.

Si simple et si pratique qu'il paraisse au premier abord, ce mode de procéder entraîne cependant des inconvénients nombreux et graves. On ne peut se dissimuler les dangers sérieux dont se trouverait menacée la situation des étrangers dans un pays où l'on *devrait*, sur un simple avis émané d'une autorité administrative ou judiciaire et transmis par la poste ou par le télégraphe, ordonner leur arrestation. Ce mode de procéder ne saurait, d'ailleurs, se concevoir dans les États où la liberté des étrangers est protégée à ce point que l'extradition elle-même ne s'obtient qu'avec la plus extrême difficulté, malgré l'accomplissement régulier de toutes les formalités édictées par les traités; dans ces pays, la législation intérieure s'opposerait d'une manière absolue à l'adoption d'une semblable pratique.

La plupart des Puissances européennes, il est vrai, ne sont pas si étroitement liées par la loi. En France, notamment, l'autorité administrative est légalement armée contre les étrangers ; elle peut les contraindre à quitter le territoire, si leur présence paraît dangereuse pour l'ordre et la tranquillité publique. (Loi du 28 vendémaire an VI. — Loi du 1ᵉʳ mai 1834, prorogeant celle du 21 avril 1832) ; elle peut faire conduire à la frontière les vagabonds étrangers. (Art. 272 Code pénal). Ce sont là des droits qui impliquent le droit d'arrestation. On pourrait encore, s'il était nécessaire, trouver des arguments à l'appui de cette démonstration dans certaines décisions judiciaires. La Cour de Cassation a plusieurs fois décidé (30 juin 1827, 11 mars 1847, ... etc.,) que l'arrestation d'un étranger en France, pour cause d'extradition, constitue une détention légale.

Ce ne sont donc pas les obstacles créés par la législation intérieure qui ont empêché, en France et dans la plupart des pays d'Europe, d'admettre que l'arrestation provisoire des étrangers, en vue d'extradition ultérieure, dût être effectuée sur simple avis d'un magistrat étranger. Cette pratique présentait d'autres inconvénients qui devaient la faire proscrire.

On sait qu'une des garanties offertes par les requêtes d'extradition consiste dans la voie diplomatique qui leur est imposée : le Gouvernement, auquel la remise d'un prévenu est demandée dans cette forme officielle, est assuré ainsi que la poursuite est sérieuse, que les lois sociales et morales ont été gravement violées, que des preuves ou de fortes présomptions de culpabilité s'élèvent contre le prévenu ; de plus, la démarche officielle du Gouvernement étranger va reporter sur lui une part de la responsabilité entraînée par la mesure d'extradition. Cette garantie devait-elle être dédaignée alors qu'il s'agissait seulement d'une arrestation ? Sans doute, une détention de quelques semaines est chose moins grave qu'une extradition qui saisit en lieu d'asile un réfugié et le renvoie, malgré lui, dans un pays éloigné. Cependant cette mesure peut léser ses intérêts, porter une funeste atteinte à sa considération. Un Gouvernement doit-il prêter, sans contrôle, main-forte à la requête d'un magistrat étranger, se rendre peut-être complice d'une précipitation regrettable ? L'individu, ainsi arraché à ses affaires et jeté en prison, par suite d'une plainte mal fondée, ne sera-t-il pas en droit de former une juste demande d'indemnité ? La question devient encore plus grave, si cet

individu appartient à une Puissance tierce,
le pays d'origine n'aura-t-il pas le droit d'intervenir en faveur de son national ? N'y a-t-il
pas là une source féconde de difficultés avec
les Gouvernements étrangers ?

Ces considérations expliquent suffisamment
pourquoi une simple requête, émanée directement d'un magistrat, fût-elle même accompagnée d'un mandat d'arrêt, ne saurait être
regardée comme suffisante pour mettre un
Gouvernement en demeure d'ordonner l'arrestation provisoire d'un prévenu.

Il semblerait possible d'éviter une partie
de ces inconvénients, si l'on enlevait à cette
mesure le caractère *obligatoire* que nous lui
avons reconnu jusqu'à présent. Dans ce cas,
les autorités du pays où l'accusé s'est réfugié,
resteraient juges de la suite à donner à la
requête du magistrat étranger ; elles se déci-
deraient, d'après les circonstances et sous leur
propre responsabilité.

Reste à examiner si ce second système aura
une efficacité réelle ? Il y a lieu d'en douter.
L'arrestation provisoire, demeurant *facultative,* pourra n'être pas ordonnée dans les
cas les plus urgents : car elle dépendra de la
résolution arbitraire d'une autorité à laquelle
les conséquences d'une mesure de cette nature conseilleront nécessairement une pru-

dence excessive. Le Gouvernement du pays
où le prévenu s'est réfugié ne pourra qu'in-
viter ses agents à la plus extrême réserve :
n'étant pas sous le couvert d'une demande
diplomatique, il faudra qu'il accepte la pleine
responsabilité de la décision à intervenir ; il
demeurera exposé aux plaintes formées, en
cas d'erreurs, par les particuliers lésés, et aux
légitimes réclamations des Gouvernements
tiers, lorsqu'il s'agira de leurs nationaux.

Ce sont là des raisons assez graves pour
empêcher les autorités et le Gouvernement
requis de donner suite aux plus pressantes
démarches d'un magistrat étranger.

La question n'est donc pas aussi simple
qu'elle pouvait le paraître au premier abord.
D'une part, en effet, un simple avis émané
d'un juge étranger ne présente pas assez de
garanties pour déterminer un Gouvernement
à accorder, immédiatement et dans tous les
cas, l'arrestation d'un prévenu ; d'une autre
part, en dépouillant le caractère obligatoire,
l'arrestation provisoire perd en même temps
sa première utilité et ne répond plus aux
exigences de la situation. La double solution
que présente la théorie pure ne résiste donc
pas à un examen approfondi, et l'on se trouve
réduit à chercher ailleurs la clé du problème.

Dans les questions de cette nature, il est une source que l'on ne doit pas négliger.

Le droit des gens se forme de l'ensemble des usages qui s'imposent successivement aux relations internationales, plus encore, peut-être, que des règles inspirées par la science. Les plénipotentiaires procèdent comme ces législateurs dont parlait récemment un orateur distingué : « ils examinent, recueillent, » dissèquent les faits ; ils les comparent, les » rapprochent les uns des autres, les sou-- » mettent à une observation exacte et patiente ; » puis, leur analyse minutieuse une fois ter- » minée, ils passent au travail de la synthèse ; » ils formulent des lois, qui sont le résumé et » la conclusion que leur a dévoilée la multi- » tude des faits qu'ils ont scrutés » (1). Ainsi se forment également les traités. Ils ne viennent, le plus souvent, que dégager les usages établis des incertitudes qui les enveloppent encore, en les fixant par des formules claires et précises, en leur imprimant ce caractère de réciprocité qui en fait des lois d'égalité pour les nations. Considérée à ce point de vue, l'histoire des traités doit refléter fidèlement les phases diverses par lesquelles a passé la pratique. Or, on a vu que la nécessité de l'ar-

____

(1) Discours de M. Émile Ollivier, au Corps Législatif. —Séance du 16 Mai 1868.

restation provisoire avait dû se présenter dès les premières applications du droit d'extra-dition. L'examen des Conventions sur la matière fera donc apparaître et permettra d'étudier les solutions que les faits ont suggérées et les améliorations successives qui ont été consacrées.

II

L'extradition est une partie moderne dans le droit des gens, comme son nom lui-même dans le vocabulaire de cette science. La plus ancienne de nos Conventions sur la matière, actuellement en vigueur, date de 1828 (Traité du 18 juillet 1828, concernant les rapports de voisinage, de justice et de police entre la France et les États de la Confédération helvé-tique).

Ce n'est pas à dire qu'on ne puisse signaler, dans les temps antérieurs, soit des mesures isolées de « restitution » de criminels, soit des engagements généraux et réciproques de « restitution » de malfaiteurs, sanctionnés par des ordonnances ou par des traités conclus entre la France et certains États limitrophes. Mais on n'y rencontre pas les origines du droit spécial dont nous nous occupons. La liberté individuelle n'était pas encore entourée des garanties que lui ont assurées, dans notre siècle, à des degrés divers, les mœurs des peuples et les législations. D'un autre côté, les relations internationales, en cette matière, étaient régies par des principes différents de ceux qu'une civilisation plus éclairée a fait admettre de nos jours. L'extradition — pour employer l'expression aujourd'hui consacrée — s'appliquait surtout aux « crimes d'État. » Maintenant, au contraire, elle n'est autorisée que pour les crimes communs, c'est-à-dire pour des infractions dont le caractère criminel est général, et, pour ainsi dire, absolu ; jamais elle n'est accordée pour les délits politiques, dont le caractère criminel dépend presque toujours de circonstances locales et disparaît souvent au-delà des frontières. De plus, un grand principe a été définitivement consacré : la jurisprudence européenne, se ralliant à un système adopté par la France dès le xvie siècle (Remontrance du Parlement de Paris du 3 mars 1555), est aujourd'hui unanime pour reconnaître qu'un national ne saurait être livré, par son Gouvernement, à une justice étrangère. Le droit d'extradition s'est constitué véritablement dans les quarante dernières années ; c'est dans les Conventions négociées durant cette période de temps qu'il convient d'en rechercher les éléments divers.

Depuis 1828, la France a conclu, avec les États étrangers, 38 traités d'extradition. Quelques-uns d'entre eux, par suite d'événements politiques, ont cessé d'être en vigueur. Mais, pour être tombés avec les Puissances qui avaient concouru à leur édification, ils n'en restent pas moins des monuments précieux de l'histoire du droit conventionnel. Il importe donc, pour bien connaître les phases par lesquelles a passé la question de l'arrestation provisoire, de ne négliger aucun de ces actes diplomatiques.

Lorsqu'on étudie successivement, à notre point de vue spécial, ces diverses Conventions, on est bientôt conduit à les diviser en deux groupes et à distinguer, dans leur histoire, deux époques que sépare un mouvement caractéristique de la doctrine.

L'une de ces périodes s'étend de 1828 à 1854 : l'autre, partant de 1854, paraît devoir s'arrêter à 1868, c'est-à-dire à la Déclaration du 28 février de l'année courante, qui a donné lieu à cette étude.

Dans chacune des deux périodes se remarque un certain nombre de traités dans lesquels ne figure aucune mention relative à l'arrestation provisoire. Faut-il conclure du silence des textes que, sous l'empire de ces Conventions, un prévenu n'aura jamais été mis en état de détention provisoire avant que son extradition eût été réclamée ? Non, sans doute. L'arrestation provisoire est, dans bien des cas, comme nous l'avons vu, une condition essentielle de l'efficacité des traités d'extradition. Aussi les Puissances intéressées ont-elles dû suppléer, dans la pratique, aux lacunes des Conventions. Bien qu'aucune preuve ne puisse être apportée, la nature des choses permet d'affirmer que, dans des cas graves et urgents, les autorités respectives auront, sous leur propre responsabilité, donné suite à des requêtes d'arrestation. Mais, en l'absence de stipulations expresses, la mesure a dû conserver un caractère exceptionnel et facultatif.

Dans cet état de choses, notre attention doit se porter uniquement sur les Conventions qui ont cherché, par une clause spéciale, à régler cette question délicate.

§ 1er

Sur **29** traités conclus de 1828 à 1854, 11 seulement contiennent une disposition relative à l'arrestation provisoire. En voici la liste, par ordre chronologique :

1. Belgique. 1834
2. Mecklembourg-Schwérin . . 1847
3. Mecklembourg-Strelitz . . . 1847
4. Oldenbourg. . . . . 1847 [1]
5. Brême 1847
6. Hambourg 1848
7. Saxe-Royale 1850
8. Hesse-Electorale. 1852
9. Wurtemberg 1853
10. Francfort 1853
11. Landgraviat de Hesse 1853

Dans les Conventions qui viennent d'être citées, — à l'exception de trois, sur lesquelles nous reviendrons, — l'arrestation provisoire est réglée d'une manière identique et présente deux caractères essentiels : 1° elle est *obligatoire*, c'est-à-dire que le Gouvernement requis est tenu de l'ordonner, lorsque les diverses conditions de fond et de forme se trouvent remplies ; 2° elle n'est accordée que sur le vu d'un *mandat d'arrêt produit par le Gouvernement requérant*.

---

(1) Les dispositions de la Convention originaire, conclue avec le Grand-Duché d'Oldenbourg, relatives à l'arrestation provisoire, ont cessé d'être en vigueur depuis le 16 mai 1868, c'est-à-dire depuis la promulgation de la dernière Déclaration. Toutefois, sa place restait nécessairement marquée dans la partie historique de ce travail.

Voici la formule le plus ordinairement employée pour énoncer ces prescriptions :

« Chacun des deux Gouvernements con-
» tractants pourra, sur l'exhibition d'un man-
» dat d'arrêt décerné par l'autorité compé-
» tente, demander à l'autre l'arrestation
» provisoire du prévenu ou du condamné
» dont il réclamera l'extradition. Cette arres-
» tation ne sera accordée et n'aura lieu que
» suivant les règles prescrites par la légis-
» lation du pays auquel elle sera demandée.
» L'étranger, ainsi arrêté provisoirement,
» sera remis en liberté, si, dans les trois mois,
» la production des pièces, mentionnées dans
» l'art...., n'a pas eu lieu de la part du Gou-
» vernement qui réclame l'extradition. »

Un instant de réflexion suffit pour montrer que cette clause est loin d'être satisfaisante.

Obligatoire, l'arrestation provisoire ne présente plus, sans doute, les inconvénients que la théorie pure lui reconnaît lorsqu'elle est abandonnée à la décision arbitraire d'une autorité judiciaire ou administrative. Mais, d'un autre côté, elle ne peut être accordée que sur l'exhibition d'un mandat d'arrêt produit par *voie diplomatique.*

Le texte dit, en effet : « Chacun des
» deux Gouvernements pourra, sur l'exhi-

bition.... etc.; » c'est donc le Gouvernement qui doit présenter la requête, et non un simple magistrat : or, le Gouvernement n'a, pour une telle démarche, qu'une voie naturelle et officielle, la voie diplomatique.

La demande d'arrestation se trouve dès lors soumise à ces transmissions successives que nous avons eu déjà l'occasion d'énumérer, et, par suite, à des causes de retard qui lui enlèvent, dans les cas urgents, toute efficacité.

On est même conduit à se demander quel avantage réel peut offrir l'insertion d'une semblable clause ? L'étude attentive des traités dans lesquels elle figure et leur rapprochement de ceux qui ne la renferment pas, donnent la réponse à cette question. La clause dont il s'agit n'aurait, en effet, qu'une utilité bien minime si, aux termes des traités qui la contiennent, l'extradition pouvait être obtenue sur la simple production d'un mandat d'arrêt ; il arriverait alors rarement qu'un Gouvernement s'attardât à réclamer l'arrestation provisoire d'un prévenu, puisqu'il serait en mesure de requérir son extradition même sans plus de formalités. Mais, d'après ces Conventions, le mandat d'arrêt ne suffit pas pour obtenir l'extradition ; il faut un arrêt de condamnation ou un arrêt de mise en accusation. Dès lors, l'utilité de la clause

en question devient évidente. Au moment où
la présence d'un prévenu est signalée dans un
pays voisin, l'instruction est, le plus souvent,
à peine commencée ; plusieurs semaines s'é-
couleront peut-être avant qu'un arrêt de
mise en accusation puisse être rendu. Il y a
donc intérêt à décerner un mandat d'arrêt et
à obtenir immédiatement l'arrestation provisoire du fugitif, qui sera ainsi forcé d'attendre,
sous les verrous, l'accomplissement des formalités nécessaires pour la demande régulière
d'extradition. L'avantage de la disposition
est donc relatif et tient aux conditions plus
rigoureuses imposées à l'extradition par les
traités qui renferment cette clause.

Il convient cependant, pour être exact, de
noter que trois de ces Conventions permettent
d'obtenir l'extradition sur la production du
mandat d'arrêt. Ce sont les Conventions conclues avec la Saxe, le Wurtemberg et la
Landgraviat de Hesse.

On voit plus difficilement l'intérêt que peut
présenter, sous l'empire de ces derniers traités, une clause qui soumet l'arrestation provisoire aux mêmes conditions que l'extradition elle-même. On peut dire pourtant qu'elle
donne à la justice du pays où s'est commis le
crime, le temps d'achever l'instruction, et au
Gouvernement de ce pays le temps de décider,

sans craindre la fuite du prévenu, si les faits sont assez graves, si l'intérêt social est assez grand pour justifier une requête d'extradition. Toutefois, on ne saurait se dissimuler que cette raison laisse prise à la critique, attendu qu'un mandat d'arrêt n'est pas décerné sans de fortes présomptions et comme mesure conservatoire. Avouons donc que l'arrestation provisoire, soumise à la production d'un mandat d'arrêt, ne présente une incontestable utilité que dans les Conventions qui exigent, pour l'extradition, la production d'un arrêt.

Les dix-huit autres Conventions d'extradition, conclues de 1828 à 1854, ne contiennent aucune mention relative à l'arrestation provisoire. Toutes, d'ailleurs, permettent d'obtenir l'extradition sur l'exhibition du mandat d'arrêt : ce qui suffirait, jusqu'à un certain point, pour expliquer l'abstention des plénipotentiaires.

§ 2e

En 1854, le droit conventionnel fait un pas nouveau. Une Convention d'extradition, conclue le 11 avril de cette année, entre la France et la Principauté de Lippe, pose en principe que l'arrestation provisoire d'un prévenu peut être demandée avant la production de toute pièce judiciaire. Il y a lieu de remarquer immédiatement que, d'après cette Convention , l'exhibition d'un mandat d'arrêt suffit pour obtenir l'extradition. Aussi ne sera-t-on pas étonné du caractère nouveau que présente l'arrestation provisoire : elle est *facultative,* c'est-à-dire que le Gouvernement requis n'est pas tenu de l'ordonner sur la demande du Gouvernement requérant.

Voici la teneur de la clause :

« Chacun des deux Gouvernements pourra,
» dès avant la production du mandat d'arrêt,
» demander l'arrestation immédiate et provi-
» soire de l'accusé ou du condamné, laquelle
» demeurera néanmoins facultative pour
» l'autre Gouvernement.

» Lorsque l'arrestation provisoire aura été
» accordée, le mandat d'arrêt devra être
» transmis dans le délai de deux mois. »

Cette disposition marque un progrès réel sur le droit antérieur. La demande d'arrestation pourra passer plus rapidement, du magistrat chargé de la poursuite, au Gouvernement du pays où le prévenu est réfugié. Elle devra, sans doute, être transmise par la voie diplomatique ; car le texte dit encore : « Chacun des deux Gouvernements pourra... » demander... etc. » Mais, n'étant plus nécessairement accompagnée de la pièce judiciaire qui retardait sa marche, elle franchira, au besoin par la voie télégraphique, les diverses étapes qui marquent sa route, pour arriver à sa destination dans un délai très-court. Les conditions de célérité qui ne se rencontraient pas précédemment se trouvent ainsi réalisées.

Cependant l'on peut se demander si ce résultat n'est pas atteint aux dépens de l'efficacité même de la mesure. L'arrestation, en effet, demeure facultative pour le Gouvernement auquel elle est demandée, et l'on ne pouvait songer à la rendre obligatoire, en l'absence du mandat d'arrêt. La requête n'est-elle pas exposée à être souvent rejetée? Après une traversée plus rapide, ne va-t-elle pas trouver le naufrage au port ? Ces appréhensions perdent de leur gravité pour qui se rend un compte exact de la situation. La décision n'est pas à la merci d'un magistrat effrayé par une lourde responsabilité. La demande est présentée par un Gouvernement à un autre Gouvernement, qui va se trouver en partie couvert par le caractère officiel qu'elle emprunte à la voie diplomatique. Il y a donc là un assez grave motif de penser que, en l'absence de raisons anormales ou de circonstances exceptionnelles, la Puissance requise se refusera rarement à donner suite à l'affaire.

La clause, dont on vient d'indiquer la portée et les avantages, figure dans la majorité des traités d'extradition conclus par la France de 1854 à 1868. Durant cette période, neuf Conventions nouvelles ont été signées. (Dans ce nombre on comprend la Convention avec la Principauté de Monaco relative à l'union douanière, qui décide que l'extradition aura lieu entre les deux pays conformément aux dispositions du traité de 1838 entre la France et la Sardaigne.) Voici la liste de celles qui reproduisent, dans sa teneur même ou dans son essence, la clause dont nous nous occupons :

1. Principauté de Lippe. 1854
2. Principauté de Waldeck et Pyrmont. 1854
3. Hanovre. 1855
4. Parme 1856
5. États pontificaux. 1859
6. Chili. 1860

D'après toutes ces Conventions, la production du mandat d'arrêt suffit pour obtenir l'extradition.

Ajoutons que la disposition nouvelle se trouve consacrée par un acte additionnel à la Convention de 1844, conclu, le 2 août 1860, entre la France et les Pays-Bas. On peut y signaler seulement une différence de détail relative au délai fixé pour la détention provisoire.

Notons enfin que, dans la Convention conclue avec le Chili, la durée de la détention provisoire a été portée à six mois. La distance qui sépare les deux pays explique suffisamment la longueur exceptionnelle de ce délai.

La solution de 1854 ne devait pas être le dernier mot sur la question. On vient de voir, en effet, qu'elle ne défie pas la critique. Si, d'une part, le caractère facultatif imposé à l'arrestation provisoire laisse à l'une des parties une latitude nécessaire, d'une autre part, il présente cet inconvénient d'exposer l'issue des poursuites à des éventualités périlleuses. L'accueil réservé à la demande dépend entièrement du Gouvernement requis. En fait, nous l'avons vu, la décision sera, le plus souvent, favorable. Mais, par exception, elle peut être influencée par la position ou par la nationalité du prévenu, par l'état des relations politiques entre les deux pays, par une appréciation erronée de la nature des poursuites, par cent autres circonstances qu'il est inutile de spécifier. Il y aura donc, dans tous les cas, un *alea* regrettable. Ce défaut serait-il même en grande partie amoindri par la pratique, qu'il y aurait encore certain

sujet d'étonnement à rencontrer une disposition revêtue d'un caractère *facultatif,* dans
une Convention qui fait *loi* entre deux nations
et qui devrait, dès lors, avoir pour objet de
créer des droits et des obligations.

Il était réservé à la Déclaration de 1868
d'éviter cette dernière critique et de satisfaire
à la fois, dans une mesure plus étendue, aux
conditions de promptitude et d'efficacité que
les dispositions antérieures n'avaient pu réussir
à concilier.

III

Voici les termes de la récente Déclaration
échangée successivement avec la Bavière et
les Grands Duchés de Bade et d'Oldenbourg.

Nous laisserons de côté l'article 1er de la
Déclaration signée avec le Grand-Duché de
Bade : étranger à notre sujet, il a seulement
pour but de mettre, sur un point, la Convention originaire d'extradition en harmonie
avec le Code pénal de l'Empire, modifié par
la loi du 13 mai 1863. Nous ne reproduirons
pas non plus l'article 1er de la Déclaration
conclue avec le Grand-Duché d'Oldenbourg :
cet article a également pour objet de modifier
la Convention originaire et de permettre d'ob-

tenir l'extradition sur la simple production du mandat d'arrêt.

« DÉCLARATION :

« Dans le but d'assurer d'une manière plus
» efficace l'arrestation des criminels dont
» l'extradition serait demandée en vertu du
» traité d'extradition conclu entre la France
» et . . . . , le . . . . . 18 . . ,
» il a été convenu entre les deux Gouverne-
» ments ce qui suit, par la présente Déclaration:
  » 1° L'individu poursuivi soit en France,
» soit en . . . . . , pour l'un des faits men-
» tionnés dans l'article. . . . . de la Convention
» d'extradition du . . . . , intervenue entre les
» deux pays, devra être arrêté provisoirement
» sur l'exhibition d'un mandat [d'arrêt
» décerné par l'autorité compétente et produit
» par la voie diplomatique.
  » 2° L'arrestation provisoire devra éga-
» lement être effectuée sur avis, transmis par
» la poste ou par le télégraphe, de l'existence
» d'un mandat d'arrêt, à la condition toute-
» fois que cet avis sera régulièrement donné
» par voie diplomatique au Ministre des Affai-
» res Étrangères du Pays sur le territoire
» duquel l'inculpé se sera réfugié.

» 3° L'arrestation sera facultative, si la
» demande est directement adressée à une
» autorité judiciaire ou administrative de
» l'un des deux États.

» 4° L'arrestation provisoire aura lieu dans
» les formes et suivant les règles voulues par
» la législation du Gouvernement requis ; elle
» cessera d'être maintenue, si, dans les
» quinze jours, à partir du moment où elle
» a été effectuée, le Gouvernement n'est pas
» régulièrement saisi de la demande d'extra-
» dition du détenu.

» 5° La présente Déclaration aura la même
» durée que la Convention du . . . . . ., à
» laquelle elle se rapporte.

» En foi de quoi, les soussignés ont dressé
» la présente Déclaration, qu'ils ont revêtue
» du cachet de leurs armes.

» Fait à.., en double expé-
» dition, le....., 1868. »

(Suivent les signatures.)

L'étude théorique et historique qui est
rapportée plus haut, a mis en relief les principes qui régissent la matière et les diverses
conditions que doit réunir la solution du problème. Peu de mots suffiront donc pour com-
menter cette Déclaration.

Il convient d'abord de faire observer qu'aux

termes des traités conclus avec la Bavière et les grands Duchés de Bade et d'Oldenbourg, la production du mandat d'arrêt suffit pour obtenir l'extradition.

Il est dès lors évident que, sur l'exhibition de cette pièce judiciaire, l'arrestation provisoire du prévenu pourra être demandée et devra être obtenue. Cette conséquence naturelle de l'adage « qui peut le plus peut le moins » ne serait pas expressément formulée qu'elle serait implicitement admise. L'article 1er a pris soin de la consacrer et prévient ainsi toute difficulté.

On a vu, d'autre part, qu'il peut y avoir certain intérêt à obtenir l'arrestation provisoire d'un inculpé, alors même que son extradition pourrait être réclamée immédiatement, sans plus de formalités : c'est une sorte de mesure préventive, moins préjudiciable qu'une extradition pour celui-là même qui en est l'objet, qui donne à la justice le temps de compléter l'instruction et au Gouvernement le temps de décider, en parfaite connaissance de cause, s'il existe des motifs suffisants pour demander la remise de l'accusé à ses juges naturels.

Mais l'arrestation provisoire ne sera plus obtenue seulement sur l'exhibition effective du mandat d'arrêt. Elle « devra également être

» effectuée, sur avis transmis par la poste ou
» par le télégraphe de l'existence d'un man-
» dat d'arrêt....... etc. »

Dans cet article 2 est toute l'innovation,
tout le progrès. Cette combinaison nouvelle
paraît satisfaire, en effet, à toutes les exigences. Aussitôt qu'un crime est signalé et
que des présomptions graves de culpabilité
pèsent sur un individu en fuite, un mandat
d'arrêt peut être décerné ; avis en est immédiatement transmis, par le télégraphe, au
Pouvoir central, et, de là, à l'agent diplomatique accrédité dans le pays où le prévenu
a cherché momentanément refuge ; l'arrestation provisoire peut être ainsi réclamée dans
le plus bref délai. La mesure n'est plus laissée
à l'appréciation du Gouvernement requis : elle
est *obligatoire*; elle doit être effectuée, sans
retard, sous la seule condition que le fait
incriminé soit prévu par la Convention d'extradition. Au point de vue de l'efficacité, les
diverses conditions déjà déterminées se trouvent ainsi remplies.

Quant aux garanties, le Gouvernement
requis ne saurait en exiger de plus sérieuses ;
car la demande est présentée par voie diplomatique et l'existence du mandat d'arrêt est
affirmée dela manière la plus authentique. Il
peut, en toute sécurité, donner suite à la
requête.

Arrestation obligatoire, sur avis donné par voie diplomatique de l'existence du mandat d'arrêt : tel est donc le mot du problème.

Une des conditions essentielles de cette solution vient-elle à manquer ? Aussitôt l'on voit reparaître des dispositions auxquelles on a lieu de s'attendre. C'est ainsi que l'article 3 décide que l'arrestation provisoire devient *facultative*, si la demande n'est pas transmise par la voie diplomatique.

Dans la Déclaration la plus récente, c'est-à-dire dans celle qui a été échangée avec le Gouvernement d'Oldenbourg, l'article 3 renferme une disposition additionnelle dont l'utilité se conçoit aisément. Voici le texte de l'article ainsi complété : « Art. 3. — L'arres-
» tation sera facultative, si la demande est
» directement adressée à une autorité judi-
» ciaire ou administrative de l'un des deux
» États; mais cette autorité devra procéder,
» sans délai, à tous interrogatoires et inves-
» tigations de nature à vérifier l'identité ou
» les preuves du fait incriminé, et, en cas de
» difficulté, rendre compte au Ministre des
» Affaires Étrangères des motifs qui l'auraient
» portée à surseoir à l'arrestation réclamée. »
La dernière partie de l'article a pour but de prévenir, autant que possible, les inconvénients qui peuvent résulter de la liberté de décision laissée au magistrat directement

requis. Celui-ci reste maître de ne pas donner suite à la demande d'arrestation ; mais il doit immédiatement faire connaître les motifs de son abstention au Ministre qui est le mieux à même d'obtenir du Gouvernement étranger, par les voies les plus rapides, les renseignements nécessaires pour statuer sur l'affaire. De plus, en attendant les instructions qu'il a demandées, le magistrat doit rassembler les informations utiles au procès, exercer une surveillance active sur l'individu signalé. Dans ces mesures conservatoires, il y a donc une garantie nouvelle pour le succès de la poursuite. Étant donnée la nécessité de maintenir à l'arrestation provisoire son caractère facultatif, il était difficile d'enfermer le pouvoir arbitraire laissé au magistrat requis dans des limites plus étroites.

L'article 4 a, d'abord, pour objet de confirmer une conséquence naturelle du principe de la souveraineté et de l'indépendance des nations, à savoir : que l'arrestation doit avoir lieu dans les formes et suivant les règles voulues par la législation du Gouvernement requis. Il donne ensuite à la détention provisoire une durée de 15 jours, au maximum. Avec la rapidité actuelle des communications et eu égard à la proximité des pays contractants, ce délai paraît amplement suffisant pour assurer la transmission du mandat d'arrêt, en même temps qu'il sauvegarde, dans une juste mesure, les intérêts des individus arrêtés provisoirement.

En achevant cette étude, on peut se demander si la Déclaration de 1868 a fixé définitivement l'état de la question. Nous n'irons pas jusqu'à soutenir l'affirmative. Comme toutes les institutions humaines, les dispositions du droit conventionnel, perfectibles par nature, sont entraînées dans un mouvement incessant dont nul ne saurait prévoir le terme. Il est possible que le caractère des relations internationales, modifié par les progrès de la civilisation, vienne suggérer ultérieurement une solution plus conforme aux intérêts de la justice et de l'ordre universel. Toutefois, dans l'état actuel des choses, on ne saurait nier que la Déclaration de 1868 ne réalise un progrès sensible. Il est donc à souhaiter que la diplomatie applique ses efforts à de nouvelles négociations de même nature, et complète ainsi ceux de nos traités d'extradition qui peuvent se prêter à cette extension.

ALBERT BILLOT,

Docteur en droit.

Juin 1868.

www.ingramcontent.com/pod-product-compliance
Lightning Source LLC
Chambersburg PA
CBHW051348050726

47595CB00006B/2450